CODE

DES

RÉQUISITIONS MILITAIRES

SUPPLÉMENT

INSTRUCTION DU 21 JUILLET 1886

POUR LE RÈGLEMENT

DES DOMMAGES CAUSÉS AUX PROPRIÉTÉS PRIVÉES

PAR LES MANŒUVRES

OU EXERCICES EXÉCUTÉS ANNUELLEMENT

Par les Corps de Troupe

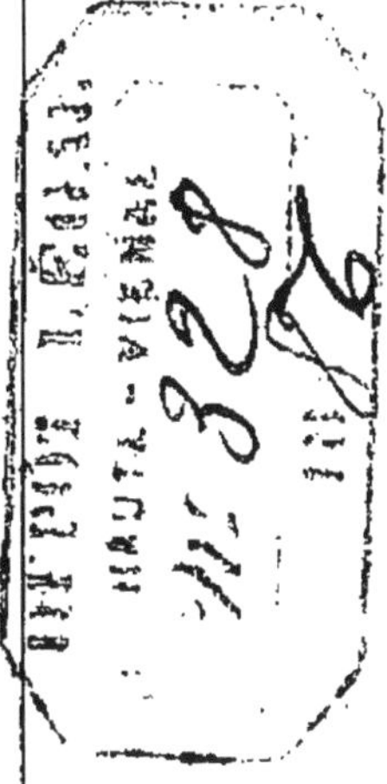

PARIS		LIMOGES
11, Place Saint-André-des-Arts.		Nouvelle route d'Aixe, 46.

IMPRIMERIE, LIBRAIRIE ET PAPETERIE MILITAIRES

Henri CHARLES-LAVAUZELLE

LIBRAIRE-ÉDITEUR

1886

CODE

DES

RÉQUISITIONS MILITAIRES

SUPPLÉMENT

INSTRUCTION DU 21 JUILLET 1886

POUR LE RÈGLEMENT

DES DOMMAGES CAUSÉS AUX PROPRIÉTÉS PRIVÉES

PAR LES MANŒUVRES

OU EXERCICES EXÉCUTÉS ANNUELLEMENT

Par les Corps de Troupe

| PARIS | | LIMOGES |
| 11, Place Saint-André-des-Arts. | | Nouvelle route d'Aixe, 46. |

IMPRIMERIE, LIBRAIRIE ET PAPETERIE MILITAIRES

Henri CHARLES-LAVAUZELLE

LIBRAIRE-ÉDITEUR

1886

"

INSTRUCTION DU 21 JUILLET 1886

Pour le règlement des dommages causés aux propriétés privées par les manœuvres ou exercices exécutés annuellement par les corps de troupe.

Paris, le 21 juillet 1886.

Extrait de la loi du 3 juillet 1877 sur les réquisitions militaires.

. . . .

TITRE III.

DU LOGEMENT ET DU CANTONNEMENT.

Art. 14. *Les troupes sont responsables des dégâts et dommages occasionnés par elles dans leurs logements ou cantonnements. Les habitants qui auront à se plaindre à cet égard adresseront leurs réclamations, par l'intermédiaire de la municipalité, au commandant de la troupe, afin qu'il y soit fait droit, si elles sont fondées.*

Lesdites réclamations devront être adressées et les dégâts constatés, à peine de déchéance, avant le départ de la troupe, ou, en temps de paix, trois heures après au plus tard ; *un officier sera laissé, à cet effet, par le commandant de la troupe.*

. . . .

TITRE V.

DU RÈGLEMENT DES INDEMNITÉS.

. . . .

Art. 26. Dans les trois jours de la proposition de la commission, les décisions de l'autorité militaire sont adressées au maire et notifiées administrativement par lui à chacun des intéressés ou à leur résidence habituelle, dans les vingt-quatre heures de la réception.

Dans un délai de quinze jours, à partir de cette notification, ceux-ci doivent faire connaître au maire s'ils acceptent ou refusent l'allocation qui leur est faite. Faute par eux d'avoir fait connaître leur refus dans ce délai, les allocations sont considérées comme définitives. Le refus sera motivé et indiquera la somme réclamée.

Il est transmis par le maire au juge de paix du canton, qui en donne connaissance à l'autorité militaire et envoie de simples avertissements, sans frais, pour une date aussi prochaine que possible, à l'autorité militaire et au réclamant.

En cas de non-conciliation, il peut pro-

noncer immédiatement ou ajourner les parties pour être jugées dans le plus bref délai.

Il statue en dernier ressort, jusqu'à une valeur de deux cents francs (200 fr.) inclusivement, et en premier ressort, jusqu'à quinze cents francs (1,500 fr.) inclusivement. Au-dessus de ce chiffre, l'affaire sera portée devant le tribunal de première instance.

Dans tous les cas, le jugement sera rendu comme en matière sommaire.

Art. 27. Après l'expiration du délai fixé par le deuxième paragraphe de l'article précédent, le maire dresse l'état des allocations devenues définitives par l'acceptation ou le silence des intéressés.

Le montant des allocations portées sur ce tableau est mandaté collectivement, au nom de la commune, par les soins de l'intendance.

Le mandat doit être payé comptant.

En temps de guerre, le paiement peut être fait en bons du Trésor, portant intérêt à 5 p. 0/0 du jour de la livraison.

Art. 28. Aussitôt après le payement du mandat ou l'échéance du bon du Trésor, le maire est tenu de mandater et le receveur municipal est tenu de payer à chaque indemnitaire la somme qui lui revient.

TITRE IX.

DISPOSITIONS SPÉCIALES AUX GRANDES MANŒUVRES.

Art. 54. *Les indemnités qui peuvent être allouées en cas de dommages causés aux propriétés privées par le passage ou le stationnement des troupes dans les marches, manœuvres et opérations d'ensemble, prévues à l'article 28 de la loi du 24 juillet 1873, doivent, à peine de déchéance, être réclamées par les ayants droit, à la mairie de la commune, dans les trois jours qui suivront le passage ou le départ des troupes.*

Une commission attachée à chaque corps d'armée ou fraction de corps d'armée opérant isolément, procède à l'évaluation des dommages. Si cette évaluation est acceptée, le montant de la somme fixée est payé sur-le-champ.

En cas de désaccord, la contestation sera introduite et jugée comme il a été dit à l'article 26.

Un règlement d'administration publique déterminera la composition et le mode de fonctionnement de la commission.

DISPOSITIONS GÉNÉRALES.

Art. 55. *Tous les avertissements et autres actes qu'il sera nécessaire de signifier à l'auto-*

rité militaire, pour l'exécution de la présente loi, le seront à la mairie du chef-lieu de canton.

. . . .

Extrait du décret du 2 août 1877, portant règlement d'administration publique pour l'exécution de la loi du 3 juillet 1877 sur les réquisitions militaires.

. . . .

TITRE III.

DU LOGEMENT ET DU CANTONNEMENT.

. . . .

Art. 28. *S'il est reconnu que des dégâts ont été commis chez un ou plusieurs habitants par des soldats qui y étaient logés ou cantonnés, procès-verbal en est dressé contradictoirement par le maire de la commune et par l'officier chargé d'examiner la réclamation.*

S'il s'agit de passages de troupes en temps de paix, *le procès-verbal est remis à l'habitant, qui adresse sa réclamation à l'autorité militaire.*

. . . .

TITRE IX.

DISPOSITIONS SPÉCIALES AUX GRANDES MANŒUVRES.

Art. 105. *L'époque où peuvent avoir lieu les grandes manœuvres des corps d'armée ou fractions de corps d'armée est déterminée chaque année par le Ministre de la guerre.*

Art. 106. *Trois semaines au moins avant l'exécution des manœuvres, les généraux commandant les régions avertissent les préfets des départements intéressés de l'époque et de la durée des manœuvres, et leur font connaître les localités qui pourront être occupées ou traversées.*

Les préfets désignent un membre civil pour faire partie de la commission chargée de régler les indemnités.

Art. 107. *Le maire de la commune dont le territoire peut être occupé ou traversé pendant les grandes manœuvres en est informé par le préfet.*

Il fait immédiatement publier et afficher dans sa commune l'époque et la durée des manœuvres.

Il invite les propriétaires de vignes ou de terrains ensemencés ou non récoltés à les indiquer par un signe apparent.

Il prévient les habitants que ceux qui subiraient des dommages par suite des manœuvres doivent, sous peine de déchéance, déposer leurs réclamations à la mairie dans les trois jours qui suivent le passage ou le départ des troupes.

Art. 108. Quinze jours au moins avant le commencement des manœuvres, les généraux commandant les régions nomment les commissions de règlement des indemnités.

Ces commissions sont composées, par chaque corps d'armée opérant isolément, d'un fonctionnaire de l'intendance, président, d'un officier du génie, d'un officier de gendarmerie et du membre civil désigné par le préfet.

Art. 109. La commission peut reconnaître à l'avance les terrains qui doivent être occupés; elle accompagne les troupes et suit leurs opérations.

Au fur et à mesure de l'exécution des manœuvres, elle se rend successivement dans les localités qui ont été traversées ou occupées, en prévenant à l'avance les maires du moment de son passage.

Les maires préviennent les intéressés, et remettent à la commission un état individuel mentionnant la date de la réclamation, la nature du dommage et la somme réclamée.

Art. 110. La commission, après avoir entendu les observations des maires et des réclamants, fixe le chiffre des indemnités à allouer et en dresse l'état.

Si les intéressés présents acceptent cette fixation, ils reçoivent immédiatement le montant de l'indemnité sur leur émargement.

A cet effet, la commission est accompagnée d'un adjoint du génie ou d'un officier comptable d'un des services administratifs, muni d'une avance de fonds.

Art. 111. Si l'allocation n'est pas adoptée séance tenante, la commission insère dans son procès-verbal les renseignements nécessaires pour apprécier la nature et l'étendue du dommage.

Un extrait du procès-verbal est, en cas de contestation, remis au juge de paix ou au tribunal chargé de statuer sur les réclamations.

Art. 112. L'état des indemnités qui n'ont pas été acceptées séance tenante est remis au maire de la commune, qui, par une notification administrative, met immédiatement les propriétaires en demeure de les accepter ou de les refuser dans un délai de quinze jours.

Les refus, déposés par écrit et motivés, sont annexés au procès-verbal.

Art. 113. A l'expiration du délai de quinze jours, le maire consigne sur l'état qui lui a été remis par la commission les réponses qu'il a reçues, et les transmet ensuite au fonctionnaire de l'intendance militaire, président de *la commission, qui assure le payement des indemnités qui n'ont pas été refusées.*

Art. 114. Les règlements antérieurs sont abrogés en ce qu'ils ont de contraire au présent décret.

INSTRUCTION.

PRÉLIMINAIRES.

Les dispositions de la présente Instruction s'appliquent non seulement aux règlements d'indemnités dues pour les dégâts occasionnés aux propriétés privées pendant les grandes manœuvres annuelles d'automne, mais aussi à ceux résultant du passage ou du stationnement, dans ces propriétés, des troupes, soit dans des manœuvres spéciales, soit dans des marches, opérations d'ensemble et exercices divers, exécutés en vertu d'ordres spéciaux, pendant le cours de l'année, *quelle qu'en soit l'époque.*

D'une manière générale, toute réunion de troupes, d'un effectif minimum de deux compagnies, d'un escadron ou d'une batterie, exécutant des manœuvres, marches, évolutions ou exercices d'ensemble, d'une durée de plusieurs jours, en dehors des conditions habituelles de l'instruction de la garnison, donne lieu à la constitution d'une commission, chargée d'apprécier la nature et la valeur des dégâts commis par elle, pendant ces opérations, et d'en régler le montant.

Les exercices du tir à la cible des troupes d'infanterie, sur les champs de tir, ou les écoles à feu de l'artillerie, sur les polygones, ne rentrent pas dans ces conditions. Les dégâts aux propriétés riveraines ou les accidents qui peuvent en résulter, font toujours l'objet d'un examen spécial de la part de l'autorité militaire supérieure, qui, après enquête, saisit directement le Ministre (*Direction de la Cavalerie, Bureau de la Justice militaire*) des demandes d'indemnité qui peuvent se produire.

Il convient, pour déterminer la composition de chaque commission, de tenir compte de l'effectif des troupes réunies, et, par suite, de l'importance des dégâts qu'elles peuvent commettre.

Dans ce but, l'énumération ci-après établit le classement des différentes catégories d'opérations ou exercices pouvant donner lieu à des dégâts, proportionnellement à l'effectif des troupes qui y prennent part :

1° Grandes manœuvres annuelles de corps d'armée ;

2° Manœuvres de division (*infanterie* ou *cavalerie*) ;

3° Manœuvres de brigade (*infanterie* ou *cavalerie*) ;

4° Manœuvres en pays de montagne ;

5° Manœuvres de forteresse ;

6° Tirs de combat exécutés par l'infanterie sur les champs de tirs temporaires ;

7° Exercices de tir simulé de l'artillerie contre l'infanterie en formation de combat ;

8° Manœuvres de batteries attelées en terrain varié et manœuvres en terrain varié de batteries et de groupes de batteries mises sur le pied de guerre ;

9° Manœuvres des ponts militaires.

COMPOSITION DES COMMISSIONS.

D'après ce qui précède, les commissions d'évaluation des dégâts aux propriétés et du règlement des indemnités se divisent, au point de vue du personnel à leur affecter, en deux groupes distincts, suivant la catégorie des opérations à exécuter.

1er *groupe.* — Commissions de corps d'armée et de division ;

2e *groupe.* — Commissions de brigade, de régiment, de bataillon ou de fraction de corps, d'un effectif égal au moins à celui de deux compagnies, d'un escadron ou d'une batterie.

1ᵉʳ GROUPE.

Manœuvres de corps d'armée. — Manœuvres de division (1).

Les commissions sont composées, dans chaque corps d'armée et dans chaque division (*infanterie* ou *cavalerie*), conformément aux prescriptions de l'article 108 du décret du 2 août 1877 pour les corps d'armée opérant isolément.

Un adjoint du génie ou un officier comptable d'un des services administratifs, muni d'une avance de fonds, accompagne la commission, ainsi qu'il est prescrit à l'article 110.

2ᵉ GROUPE.

Manœuvres de brigade. — Manœuvres en pays de montagnes (2). *— Manœuvres de forteresse. — Tirs de combat sur les champs de tir temporaires. — Exercices de tir simulé de l'artillerie contre l'infanterie en*

---

(1) Dans les divisions de cavalerie, où les manœuvres d'ensemble sont précédées d'évolutions de brigades, exécutées isolément pendant une période de huit jours, la commission, dans chaque brigade, est constituée, pendant la durée de ces évolutions, d'après le type déterminé pour le second groupe.

(2) Les manœuvres en pays de montagnes font l'objet de dispositions particulières, annexées à la présente instruction.

formation de combat. — Manœuvres de batteries attelées en terrain varié et manœuvres en terrain varié de batteries et de groupes de batteries mises sur le pied de guerre. — Manœuvres des ponts militaires.

En raison de l'impossibilité de trouver dans ces unités tactiques tous les éléments nécessaires à la constitution de commissions d'après les prescriptions réglementaires, chacune d'elles n'est composée que de trois membres :

1º Un officier, président, avec voix prépondérante, représentant l'Etat;

2º Le maire, représentant les intérêts de sa commune et de ses administrés avec voix délibérative;

3º Un expert, adjoint à l'officier, *à titre de conseil*, avec voix consultative.

De la désignation des membres des commissions.

Les membres militaires entrant dans la constitution des commissions de chaque groupe sont désignés, quinze jours au moins avant le commencement des opérations, par les soins du général commandant le corps d'armée sur le territoire duquel ont lieu les opérations et choisis parmi les officiers des troupes y prenant part.

Les membres civils (*experts*) sont choisis par le préfet du département, sur le territoire de la région que chaque commission doit parcourir.

Ces dernières désignations sont, au besoin, provoquées, en temps utile, par le général commandant le corps d'armée.

De la nature des dégâts ouvrant droit à indemnité.

Indépendamment des dégâts causés aux propriétés privées (champs, récoltes, etc.), par leurs évolutions et manœuvres, les troupes sont encore, en temps de paix, responsables, aux termes des articles 14 de la loi du 3 juillet 1877 et 28 du décret du 2 août suivant, des dommages qu'elles causent aux propriétés des habitants chez lesquels elles sont logées ou cantonnées.

Dans ce dernier cas, les réclamations des ayants droit doivent être adressées, par l'intermédiaire de la municipalité, au commandant de la troupe, avant le départ de cette troupe, ou, au plus tard, trois heures après, à l'officier laissé en arrière pour constater les dégâts et dresser contradictoirement procès-verbal.

Il y a lieu, au point de vue de l'imputation de la dépense, d'établir une distinction entre les dommages résultant de la faute ou de la négligence des hommes, ou d'un défaut de surveillance de leurs chefs, et ceux, au contraire, provenant uniquement des conditions mêmes du cantonnement ou du logement, qui ne sont pas toujours aménagés d'une manière suffisante pour la circonstance.

Suivant l'esprit de la loi, la dépense doit, dans le premier cas, rester à la charge des corps de troupes (elle est alors imputée à la masse de petit équipement); dans le second cas, les dommages sont assimilés à ceux occasionnés aux propriétés par les manœuvres elles-mêmes, et leur réparation incombe au budget du service de la Justice militaire (crédits spéciaux).

Dans cette dernière hypothèse, une copie du procès-verbal dressé est immédiatement transmise à la commission d'expertise militaire, qui se rend sur les lieux et donne, dans les conditions ordinaires, son appréciation sur la valeur du dommage causé et sur l'indemnité à allouer.

Du règlement des indemnités, allocations et dépenses diverses.

Les commissions du 1er groupe acquittent, séance tenante, *à bureau ouvert*, au moyen des avances de fonds mises à leur disposition, les indemnités fixées par elles, *quelle qu'en soit l'importance*, sauf refus d'acceptation de la partie intéressée, en se conformant aux prescriptions des articles 110 et 111 du décret du 2 août 1877.

Celles du second groupe opèrent comme les premières, mais, dans chacune d'elles, l'officier chargé des fonctions de payeur n'est autorisé à acquitter que les indemnités allouées jusqu'à concurrence *de cent francs par partie pre-*

nante, sauf appel au Ministre en cas de contestation.

Toutes les réclamations qui excèdent ce chiffre sont consignées sur un état distinct et spécial (état modèle n° 3), qui est transmis au Ministre, avec pièces justificatives à l'appui (*Direction de la Cavalerie. — Bureau de la Justice militaire*), immédiatement à l'issue des opérations, par l'intermédiaire du général commandant le corps d'armée sur le territoire duquel ont eu lieu les manœuvres ou exercices.

Le Ministre statue alors d'après le mode usité pour les demandes d'indemnités relatives aux accidents et dommages de toute nature causés dans l'exécution du service militaire ou à l'occasion de ce service.

Aux termes de la décision ministérielle du 2 mai 1877, les indemnités allouées pour dommages causés aux propriétés privées, pendant les grandes manœuvres, ainsi que tous les frais se rapportant au fonctionnement des commissions d'expertise, sont imputés sur les crédits du budget de la Justice militaire affectés au payement des frais généraux de ce service.

Ces dispositions s'étendent aujourd'hui à toutes les dépenses résultant des opérations militaires analogues, exécutées dans le courant de l'année.

Leur payement en est effectué conformément aux prescriptions des articles 169 et 170 du règlement du 3 avril 1869 sur la comptabilité du département de la guerre. A cet effet, les intendants militaires, directeurs du service de l'intendance de chaque corps d'armée, sont autorisés à mettre à la disposition des adjoints du génie ou des officiers d'administration comptables, attachés comme payeurs aux commissions, les fonds nécessaires pour acquitter, contre émargement ou reçu (1), les indemnités allouées pour dom-

---

(1) Dans le cas où la partie prenante ayant droit à une indemnité de 150 francs ou supérieure à cette somme ne sait ou ne peut signer, il est exceptionnellement procédé, *par analogie avec les dispositions adoptées à l'égard des éleveurs illettrés*, comme l'indique le § 4 de l'article 12 des Dispositions générales concernant l'ordonnancement, le payement et la justification des dépenses, qui font suite au règlement du 3 avril 1869.

. . . .

« Art. 12, § 4. — Si la partie prenante est illettrée ou dans l'impossibilité de signer, la déclaration en est faite au comptable chargé du paiement, qui la transcrit sur l'extrait d'ordonnance ou sur le mandat, la signe et la fait signer par deux témoins présents au payement, pour toutes les créances qui n'excèdent pas 150 francs.

. . . .

« Pour tout payement au-dessus de 150 francs, il est exigé une quittance authentique enregistrée gratis, à moins qu'il ne s'agisse d'éleveurs illettrés, ceux-ci

mages causés aux propriétés, ainsi que les frais se rapportant au fonctionnement des commissions, savoir :

1° Indemnité de 25 francs par journée de déplacement, attribuée aux membres civils des commissions instituées en vertu de l'article 108 du décret du 2 août 1877, y compris, par analogie, les commissions de division (Commissions du 1er groupe) ;

2° Frais de location des voitures mises à la disposition des commissions *pour le transport gratuit, et sans exception, et sur tout le parcours*, des membres et des comptables de ces commissions. Les officiers ne doivent, par suite, emmener ni ordonnances, ni chevaux ;

Ces dépenses sont acquittées par le comptable de la commission, sur facture visée par le président.

3° Une allocation spéciale de 6 francs par jour, accordée pour frais de déplacement, aux membres militaires des commissions, sans distinction de grade, à l'exclusion de toute autre indemnité sur d'autres fonds.

4° L'indemnité journalière attribuée à l'expert civil désigné par le préfet pour être adjoint, à

---

devant continuer à jouir de l'exception consacrée pour eux par l'article 14 du règlement du 23 mars 1837, c'est-à-dire à recevoir le prix de leurs chevaux en présence de deux témoins, comme il est dit ci-dessous. »

titre de conseil, à l'officier constituant l'élément militaire dans les commissions du second groupe. Cette indemnité est de 6 francs, quand l'expert opère sur le territoire de sa commune ; de 12 francs, chaque fois qu'il est appelé à exercer en dehors de ce territoire ;

Les préfets ne doivent pas omettre, en désignant les experts de cette catégorie, de bien leur indiquer la quotité de l'allocation journalière à laquelle ils ont droit.

5° Frais d'achat de papier, d'imprimés ou d'autographies pour la confection des états dont les modèles sont annexés à la présente Instruction.

Les commissions doivent se procurer elles-mêmes ces fournitures dans le commerce. Elles peuvent, au besoin, faire autographier les feuilles de tête des états à fournir (1).

Des avances de fonds aux officiers payeurs.

Les avances de fonds nécessaires au payement des diverses dépenses que doivent acquitter les officiers payeurs des commissions, sont faites uniquement sur les crédits délégués aux intendants militaires, directeurs du service de l'intendance des corps d'armée, au titre du service de la justice militaire, et les adjoints du génie et officiers d'administration comptables justifient de leur emploi dans la forme déterminée par le

(1) Voir page **27**.

règlement de comptabilité pour les services régis par économie.

Des états et pièces justificatives à produire.

A la fin des manœuvres ou exercices, les intendants militaires, directeurs du service de l'intendance, font parvenir au Ministre (*Direction de la Cavalerie, Bureau de la Justice militaire*) par l'intermédiaire du général commandant le corps d'armée, dans un délai d'un mois au plus et qui ne doit pas dépasser le 31 décembre pour les opérations des grandes manœuvres, les états n°s 1, 2 et 4, accompagnés de toutes les pièces justificatives des payements et dépenses effectués.

Ils transmettent également (*même bureau*), le 15 octobre de chaque année, à l'issue des grandes manœuvres d'automne, le relevé sommaire des dépenses faites par les commissions dans leur corps d'armée (état n° 5).

Cet état indique :

1° Le montant des sommes mises à la disposition de chaque commission sur les crédits délégués au titre du budget de la Justice militaire (chapitre des frais généraux);

2° Le chiffre des dépenses faites par elle sur ces sommes.

Ce relevé est accompagné des récépissés de versement au Trésor des crédits restés sans emploi entre les mains des officiers payeurs des commissions (adjoints du génie ou officiers d'administration comptables).

Du refus des offres faites par les commissions et de la procédure à suivre en cas de contestation.

Toutes les fois que les réclamants n'acceptent pas les offres de la commission d'expertise, un extrait du procès-verbal est transmis au juge de paix, suivant les prescriptions de l'article 111 du décret du 2 août 1877.

Par analogie avec les dispositions de l'article 56 de ce décret, le soin de représenter l'autorité militaire dans cette circonstance, appartient à l'intendant militaire, directeur du service de l'intendance du corps d'armée, sur le territoire duquel les dégâts se sont produits, sauf à lui à se faire suppléer, s'il y a lieu, par le fonctionnaire de l'intendance qui a présidé la commission d'expertise, ou par tel autre qui se trouve le plus à proximité du chef-lieu de la justice de paix devant laquelle est portée la contestation. Ce fonctionnaire maintient les offres faites précédemment par la commission ; mais il a la faculté de transiger, dans les limites qu'il juge les plus compatibles avec les intérêts du Trésor.

Lorsque l'affaire n'aboutit pas en conciliation et est appelée devant le tribunal de première instance, l'intendant militaire, directeur du service de l'intendance, constitue, au nom du déparement de la guerre (1), un avoué, qui prend la défense des intérêts de l'Etat.

Dispositions générales.

Les crédits budgétaires alloués pour le payement des indemnités relatives aux dommages causés aux propriétés ayant été sensiblement réduits, les directeurs de manœuvres et les commandants de troupes ou de détachements doivent prendre toutes les précautions nécessaires pour éviter, autant que possible, de commettre des dégâts et, par suite, de soulever des réclamations de la part des propriétaires.

Toutefois, dans le cours des opérations, les troupes ne sont pas obligées de respecter, d'une manière absolue, les limites indiquées par les signes apparents placés sur les terrains susceptibles d'être endommagés par leur passage ; mais ces limites ne peuvent être franchies que dans le cas où l'exécution de la manœuvre l'exige et seulement sur l'ordre, soit des chefs de détachements, soit des arbitres de la manœuvre.

Les troupes doivent toujours remettre en état les terres non ensemencées, sur lesquelles elles

---

(1) Par dérogation aux dispositions du 3e paragraphe de la circulaire du 20 septembre 1884. (*Direction de la Comptabilité et du Contentieux, 1er Bureau*).

ont exécuté des ouvrages de campagne, ou des installations de bivouac.

Dispositions particulières aux manœuvres en pays de montagnes.

Les troupes doivent éviter avec le plus grand soin tout dégât aux propriétés privées. Dans les cas exceptionnels où des dégâts de cette nature sont commis, on se conforme, pour le mode d'évaluation des indemnités, tant pendant les marches de dix ou de quinze jours que pendant les marches-manœuvres et cantonnements, aux dispositions suivantes :

Le chef de détachement a la faculté d'arrêter, séance tenante, après débat avec la partie lésée, le montant de l'indemnité à accorder. La dépense est régularisée ultérieurement, au moyen de pièces établies par l'officier d'approvisionnement.

En cas de refus par le plaignant d'accepter l'indemnité offerte, la gendarmerie locale dresse procès-verbal des dégâts causés, en présence d'un membre civil faisant partie, autant que possible, de la municipalité. Ce procès-verbal, qui constate le refus de l'offre faite, ainsi que de son montant, est destiné à éclairer ultérieurement la commission d'évaluation des dégâts, constituée dans les formes prescrites pour les commissions du second groupe. Toutefois, l'officier d'approvisionnement remplit dans cette commission les fonctions attribuées à l'officier d'administration. L'avance des fonds nécessaires est faite à l'officier d'approvisionnement par le trésorier du corps, ou, au besoin, par le comptable des subsistances le plus rapproché, sur l'acquit du conseil d'administration du corps.

Les commandants de détachement ou les commissions d'évaluation des dégâts font usage des états dont les modèles sont annexés à la présente Instruction.

Le Ministre de la Guerre,

Signé : Gal BOULANGER.

MODÈLES.

Les imprimés nécessaires pour ces divers états ne sont plus fournis, comme précédemment, par l'administration centrale de la Guerre.

LISTE DES MODÈLES

AVEC INDICATION DU PRIX DE VENTE

A la Librairie H. CHARLES-LAVAUZELLE

N° du Catalogue.	DÉTAIL DES FORMULES.	PRIX.
338	N° 1. Livre de détail des récoltes, produits ou travaux endommagés.	» 08
338 A	— Livre de détail des récoltes, produits ou travaux endommagés, intercal.	» 08
340	N° 2. Etat des paiements effectués pour dommages causés aux propriétés privées.	» 08
341	N° 3. Etat des indemnités proposées par la commission d'expertise pour dommages.	» 08
342	N° 4. Etat des indemnités non acceptées séance tenante pour dommages . .	» 08
341 A	N° 5. Relevé sommaire des dépenses effectuées par les commissions.	» 08

Format. } Hauteur... 0^m, 375
        } Largeur... 0^m, 245

Loi du 3 juillet 1877.

—

Décret du 2 août 1877,
art. 110.
Instruction ministérielle
du 21 juillet 1886.

—

Modèle n° 1.

ᵉ CORPS D'ARMÉE.

(1)

(2)

Livre de détail des récoltes, produits ou travaux agricoles endommagés par les exercices ou manœuvres exécutés du   188   au par l (2)   , conformément à l'article 28 de la loi du 24 juillet 1873.

Toutes les réclamations doivent être portées sur cet état, dont l'établissement est prescrit par l'article 110 du décret du 2 août 1877.

Conformément aux prescriptions de l'article 111, la commission y insère les renseignements nécessaires pour permettre d'apprécier la nature et l'étendue du dommage, toutes les fois que cette mesure lui paraît utile, et notamment dans les circonstances suivantes : 1° lorsque les ayants droit aux indemnités refusent de recevoir la somme offerte; 2° lorsque ces mêmes ayants droit ne se présentent pas ; 3° lorsque les indemnités doivent être consignées; 4° lorsque la demande d'indemnité lui semble dépourvue de fondement.

(1) Indiquer toujours la division et la brigade.
(2) Indiquer le corps ou la fraction de corps qui exécute l·s exercices ou manœuvres.

NUMÉROS d'ordre des dommages constatés.	NOMS ET DOMI-CILES des propriétaires, fermiers ou autres ayants droit.	COMMUNES sur le territoire desquelles les propriétés sont situées.	DÉFINI-TION du dommage.
1	2	3	4

MONTANT de l'indemnité fixée par la Commission.	Le Maire sous-signé certifie que les personnes inscrites dans la 2ᵉ colonne sont les véritables ayants droit.	Mention du payement, du refus de recevoir, de l'absence de l'ayant droit ou de la consignation.	OBSERVATI DIVERSES
5	6	7	8

Arrété le présent livre de détail à la somme de

A   , le   188   .

Les Membres de la Commission,

Format. { Hauteur. 0m,375
{ Largeur. 0m,245

Loi du 3 juillet 1877.

—

Décret du 2 août 1877.

—

Instruction ministérielle
du 21 juillet 1886.

—

Modèle n° 2.

e CORPS D'ARMÉE.

(1)

(2)

*État des paiements effectués par le (3)
dans la journée du   188   , en présence de la commission, pour dommages causés aux
propriétés privées, par les exercices ou manœuvres
d (2).*

Cet état, destiné à justifier les paiements effectués,
conformément aux prescriptions de l'article 110, est
établi en double expédition. Lecture devra être donnée
à chaque intéressé de la déclaration qu'il signe en
émargeant. Le maire est tenu de faire connaître à la
commission les véritables ayants droit aux indemnités.
Dans le cas où des récoltes endommagées sont frappées
de saisie-brandon, il signale cet état de choses et remet
copie du procès-verbal de saisie. Les indemnités affé-
rentes à ces récoltes sont réservées, pour être consignées
à la liquidation des comptes de la commission. Cette
consignation est faite, à charge par le saisi de fournir
la déclaration contenue dans l'état émargé.

(1) Indiquer toujours la division et la brigade.
(2) Indiquer le corps ou la fraction de corps qui a exécuté
les exercices ou manœuvres.
(3) Indiquer le comptable chargé du payement.

NUMEROS D'ORDRE		NOMS ET DOMICILES dos propriétaires, fermiers ou autres ayants droit.	SOMMES DUES d'après le livre de détail modèle nº 1.	Les soussignés reconnaissent avoir reçu les sommes ci-contre, se déclarent entièrement indemnisés des dommages causés par les troupes, et renoncent à toute action ultérieure contre le département de la guerre.
des paiements.	des dommages.			
1	2	3	4	5
		TOTAL....		

NUMÉROS D'ORDRE		NOMS ET DOMICILES des propriétaires, fermiers ou autres ayants droit.	SOMMES DUES d'après le livre de détail modèle n° 1.	Les soussignés reconnaissent avoir reçu les sommes ci-contre, se déclarent entièrement indemnisés des dommages causés par les troupes, et renoncent à toute action ultérieure contre le département de la guerre.
des payements.	des dommages.			
1	2	3	4	5
		REPORT...		
		TOTAL.....		

Arrêté le présent état à la somme de

A   , le   188 .

Le (1)

CERTIFIÉ EXACT :

Les Membres de la Commission,

(1) Indiquer ici le comptable chargé u payement.

Format. { Hauteur. 0m,375.
{ Largeur. 0m,245.

Loi du 3 juillet 1877.

—

Décret du 2 août 1877,
art. 110.

—

Instruction ministérielle
du 21 juillet 1886.

--

Modèle n° 3.

ᵉ CORPS D'ARMÉE.

(1)

(2)

État des indemnités proposées par la commission d'expertise pour dommages causés aux propriétés privées par les exercices ou manœuvres exécutés du   au   188 , par l (2)   et dont le payement est réservé au Ministre comme excédant cent francs par partie prenante.

Cet état est transmis *isolément* au Ministre avec les procès-verbaux d'expertise (*Direction de la Cavalerie. — Bureau de la Justice militaire*) par le général commandant le corps d'armée, immédiatement après les exercices ou manœuvres.

Il n'est établi et fourni que par les commissions du second groupe.

(1) Indiquer la brigade, *s'il y a lieu.*
(2) Indiquer toujours le corps ou la fraction de corps qui a exécuté les exercices ou manœuvres.

NUMÉROS d'ordre des dommages constatés.	NOMS et DOMICILES des propriétaires, fermiers ou autres ayants droit.	COMMUNES sur le territoire desquelles les propriétés sont situées.	DÉFINITION du dommage.	MONTANT de l'indemnité proposée par la Commission.	Le maire soussigné certifie que les personnes inscrites dans la 2e colonne sont les véritables ayants droit.	Indiquer si l'ayant droit accepte ou refuse l'indemnité proposée par la commission. — En cas d'absence, le mentionner.	OBSERVATIONS diverses.
1	2	3	4	5	6	7	8

Arrêté le présent état à la somme totale de

A   , le   188 .

Les Membres de la Commission,

Format. { Hauteur. 0m,375
{ Largeur. 0m,245

Loi du 3 juillet 1877.

—

Décret du 2 août 1877,
art. 112.

—

Instruction ministérielle
du 21 juillet 1886.

—

Modèle n° 4.

ᵉ CORPS D'ARMÉE.

(1)

(2)

*État des indemnités qui n'ont pas été acceptées séance
tenante pour dommages causés aux propriétés privées, par les exercices ou manœuvres exécutés du
au 188 ,
par l (1) sur le territoire de la
commune d*

Aux termes de l'article 112, une expédition de cet
état doit être remise au maire chargé de mettre les propriétaires en demeure de les accepter ou de les refuser
dans un délai de quinze jours. A l'expiration de ce délai, le maire transmet cet état au président de la commission avec les réponses qui lui sont parvenues.

Une deuxième expédition doit être annexée au livre
de détail et rester entre les mains du fonctionnaire de
l'intendance militaire, président de la commission, qui
assure le payement des indemnités refusées, mais en
exigeant le désistement mentionné sur l'état modèle n° 2.

(1) Indiquer toujours la division et la brigade.
(2) Indiquer le corps ou la fraction de corps qui a exécuté
les exercices ou manœuvres.

NUMÉROS D'ORDRE du livre de détail modèle n° 1.	NOMS ET DOMICILE DES PROPRIÉTAIRES, fermiers ou autres ayants droit	DÉFINITION du DOMMAGE.	MONTANT de l'indemnité fixée par la Commission.	NOMS DES PROPRIÉTAIRES, fermiers ou autres ayants droit		OBSERVATIONS DIVERSES.
				qui acceptent l'indemnité offerte.	qui refusent l'indemnité offerte.	
1	2	3	4	5	6	7

Arrêté le présent état à la somme de
et transmis au Maire de la commune d

A   , le   188 .

Le Membre de la Commission,

Arrêté par le Maire de la commune d
et renvoyé au Président de la Commission.

A   , le   188 .

Le Maire de la commune de

Format. { Hauteur. 0m,375
{ Largeur. 0m,245

Loi du 3 juillet 1877.
—
Décret du 2 août 1877.
—
Instruction ministérielle
du 21 juillet 1886.
—
MODÈLE n° 5.

ᵉ CORPS D'ARMÉE.

—

*Relevé sommaire des dépenses effectuées dans le corps
d'armée, par les commissions d'expertise, à l'occasion des dommages causés aux propriétés privées
par les exercices ou manœuvres exécutés du
au   188 .*

—

Ce relevé doit être adressé, le 15 octobre au plus
tard, au Ministre (*Direction de la Cavalerie. — Bureau
de la Justice militaire*).

DÉSIGNATION des DIVISIONS, BRIGADES ou corps de troupe ayant manœuvré.	MONTANT des dégâts causés aux propriétés.	LOCATION de voitures pour le transport des membres de commissions.	INDEMNITÉS AUX MEMBRES.	FRAIS DE BUREAU.	TOTAL. DES SOMMES employées.
Totaux...					

MONTANT des sommes mises à la disposition de chaque commission.	SOMMES restées disponibles et versées au Trésor.	NUMÉROS et dates des récépissés joints au présent état.	OBSERVA- TIONS.

VU ET TRANSMIS :

*Le général commandant le   * corps d'armée,*

A   , le   188 .

L'Intendant militaire, directeur du service de l'intendance du   e corps d'armée,

PARIS ET LIMOGES, IMP. MILIT. H. CHARLES-LAVAUZELLE.